Kerstin Fischer

Die Fragen der mutlosen Seidenspinner

Gedichte

1. Auflage 2018

Verlag und Druck: tredition GmbH, Halenreie 40-44, 22359 Hamburg

ISBN:

978-3-7469-5028-0 (Paperback)
978-3-7469-5029-7 (Hardcover)
978-3-7469-5030-3 (e-Book)

Bibliografische Information der Deutschen Nationalbibliothek: Die Deutsche Nationalbibliothek verzeichnet diese Publikation in der Deutschen Nationalbibliografie; detaillierte bibliografische Daten sind im Internet über http://dnb.d-nb.de abrufbar.

Versuch über die Lyrik

Die Lyrik ist die zweite Stimme des Geistes. Als solche hat sie das Ohr an der grenzenlosen Vielschichtigkeit der Welt, denn sie kann fließende Übergänge erspüren, vor denen physikalische Gesetze versagen. Das öffnet Räume für neue Erfahrbarkeiten. Sie sind immer originell und die Möglichkeiten der Variationen, aus denen sie geboren werden, schier unendlich. Und diese Unendlichkeit kann zur Religion werden, da wo diese versagt, weil ihre Dogmen die filigranen Membranen des Geistes betäuben. Deshalb unterwandert die Lyrik auch die Zeit, weil die Zeit Methode hat und als solche infrage zu stellen ist. Die Lyrik stellt sie infrage, in dem sie in der Morgendämmerung den Abend sucht und umgekehrt. Ist der Morgen im Abend? Oder ist das Gestern eine Erfindung auf den Spiegeln des Heute? Und ist der Traum realer als die Wirklichkeit? Die Lyrik gibt dem Atem unserer Träume ihr Wasserzeichen. Und Wasserzeichen kann man am besten lesen, wenn man sie gegen das Licht hält. Und Lyrik kann man am besten lesen, wenn man sie gegen das schrille Einvernehmen zwischen Pragmatismus und Geschäftsgebaren einer derben Unterhaltungskultur liest, die leisen Räume in den lauten Konzerthallen sucht. Und wer genau hin liest, entdeckt dabei seine eigene, unverwechselbare Musik, die sein Gestern, sein Heute und sein Morgen wie weiße Muscheln in zeitlose Meere sinken lässt, die nur ihm gehören.

Gläserne Küsse. Rosa

Menschen treiben durch die Risse in meinem Glück

in der Hektik der Milchstraße.

Ich verrühre die Zeit in meinem Kaffee und lasse Zucker

in ihr Ende fallen.

Die Würfel sind sprachlos.

Ich vermisse die Furcht.

Sie hat sich unter der Kirschblüte verkrochen

auf den stummen Wegen im Herzen der Vorgärten,

die nichts versprechen wollen, an diesem Tag,

der über das Leben im Tod entscheidet,

egal ob er lacht oder weint in eigentlich grundlose Fragen.

Endlichkeit sonor

Die alte Frau in dem Café.

Ich schlüpfe in die Verstecke ihres Gesichts,

öffne die Türen ihrer Wohnung und zähle die Gerüche.

Der Staub ist parfümiert. Der Zerfall neurotisch.

Er spiegelt sich in den Böden der Krankenhäuser.

Tasse um Tasse in den Schränken. Sammeltasse.

Kriegstasse angeschlagen.

Ihre Erinnerung bricht wie ein morscher Ast.

Ihre Hände, zitternde Schmetterlinge.

Sie vergeben den letzten Gründen.

Ars Vivendi

Ich studiere zwischen den Vogelstimmen die Details meiner Zeit.

Blühende Linien im Schnee.

Umgeben von Grabluft. Erdbeerfarben.

Die Freude ist von den Tauben geliehen

für die Ewigkeit in den Momenten.

Das Warten meines Gottes bleibt weise.

Er schenkt mir silbernes Vergessen

für die Grauzonen meiner Jahresringe.

Ich lege die Ringe auf die Waage über dem Meer,

in dem die Nächte Augen haben, und vermeide

die schlaffe Schönheit des Überflüssigen.

Die Erde nickt und trägt.

Im inneren Kreis

Zwischen den Palmen von Marbella glätte ich die graue Haut
über meinem Leben. Sie lässt sich von den Farben des Südens
täuschen, dem Rosa des Oleanders und dem Indigo des Wassers,
in dem sich meine hungrige Wüste spiegelt. Ich presse Muscheln
auf die Haut, um satt zu werden und stille meinen Durst an dem
hellen Lachen des Meeres. Nonnen kreuzen meinen Weg. Der
trockene Boden verschluckt den Klang ihrer Schritte. Das Jenseits
muss das berücksichtigen. Es ist stur, den ganzen Tag schon, seit
ich über den inneren Kreis meines Untergangs laufe.

Ich folge den seidenen Gerüchen

an der Kreuzung

als Verwandte des Meeres.

Mein Licht ist frei.

Ich löse das Land

und laufe in weichen Wind.

Punkt.

In mir Klänge des Lichts. Neubegehung. Schneehell.

Ich verabschiede das Fremde im Wichtigen.

Seidenreiner Ausgang meiner Sandspur.

Einmal um den Schmerz der Erde.

Bis zum Meer. Und zurück? Vielleicht nicht gerade jetzt

von Widergeburt reden.

Sie kräuselt das Klare im Glas der Gedanken,

färbt die Tränen der Angst Oliv. Bis sie zu Früchten werden,

die steile schwarze Striche ernten,

bevor sie den Atem in Tücher schlagen.

Ich sortiere die Buchstaben meiner Zeit neu

an geträumten Flughäfen

und fliege mit ihnen nach Marrakesch, mit dem Pinsel

über der Körnung des Papiers.

Einmal um die Freiheit.

und nur nicht zurück.

Höhlengesänge

Der schwarze Tiger reißt die Möwen,

noch bevor sie das Meer erreichen.

Absturz des Heißluftballons.

Seine Farben prallen gegen die Felsen.

Junge Jahre. Rostig. Ich kauere mich in die Höhle des Optimismus

und buchstabiere seine Organe. HERZ in Blau in Trost getrocknet.

Das Morgen wird Morgenröte.

Ich fange das Licht in kleinen Schachteln

und lege es unter die Zweige der Weltformel.

Sie lacht und lässt mit sich reden,

wenn die Vergangenheit mit der Zukunft schläft

und Götter zeugt.

Im Krieg, dem Schluckauf der Evolution. Kriegsgeschrei

und das All singt dazu.

Allgegenwärtig. Tauben hinter Glas.

Zwischen Magma und Sternen.

Das Räderwerk läuft ins Leere und verliert Öl.

Ich liege unter den Brücken, außerhalb der Unruhe.

Ich befeuchte ihre Farblosigkeit und zeichne blühende Zweige

in das Neugeborene meiner Sprache.

Ich baue mit ihm neue Häuser in den alten Straßen –

Feinfühlig und elastisch wie der Wind.

Mein Herz, eine Himbeere

in deinen bunten Gläsern.

Ich finde wieder Tauben

hinter den Kirchenfenstern

und höre dein Licht.

Die Stimmen aus den blassen Teichen

sind tot.

Der Sound der Metamorphose

Das trübe Licht in den weißen Koffern vor der Flugreise.

Es scheint in die Augen meines Gewöhnens.

Ich häute meine falsch angenommene Zukunft

daraufhin und sauge das Ranking aus den Wunden.

Die Priester der Zunft rutschen über das von mir gefrorene Eis

zurück in ihre stinkenden Täler. Schräglage. Dünnhäutig.

Ich fülle die Koffer mit blühenden Kirschbäumen.

Sie wachsen an neuen Wegen

im Neigungswinkel der leichtgewordenen Steine.

Rohmaterial melodisch. Ich treibe die Inklusen aus dem Bernstein

und renne mit ihnen über das Papier

um das ungeschriebene Gedicht,

dessen Wörter zu Schwänen werden

oder Rohlinge bleiben,

die aus den Mündern unfertiger Monde fallen.

Flamingos

Schnee fällt auf die eisigen Häute im Garten. Ich habe sie abgelegt wie Mäntel an der Garderobe eines Theaters. Ihre Kälte verliert sich in der Erde zwischen den dumpfen Schreien des Mondes. Ich setze mich an ein kleines Feuer und streue Rosenblätter in blaue Flammen, die darin zu weißen Schleiern werden. Ich lege die weißen Schleier über meine kranken Gedanken. Die Gedanken lernen zu schweigen, daraufhin. Flamingos fliegen auf die leeren Plätze ihrer Rede ... Das Parfüm der Erde umgibt sie. Es riecht nach dem Schweiß des Kosmos. Gott ist ohne Geruch. Dafür seine Geduld elastisch, denn der Teufel ist nur ein Placebo. Ich balanciere über die Geduld Gottes ohne die Flamingos zu stören, balanciere zum Schweigen Christi. Maria hat es geboren in einer Stunde der Achtsamkeit. Ich halte mich an die Flamingos, wenn ich sprechen möchte, spreche mit ihnen über die Waghalsigkeit der Träume und die Farbe der Weisheit. Die Weisheit ist blau, sagen sie, aber nur im Sonnenlicht. In der Nacht ist sie farblos. Sie müssen es wissen. Sie fliegen in der Weisheit umher ... fliegen über den Knospen an den Abgründen der Seele.

Mit Adam

Vergiss nicht, den Zimmerklee zu gießen,

tief unten in den geträumten Räumen.

Die Rosen brauchen auch noch Wasser.

Oder sind sie schon an ihrer Zeit verblüht?

Versenke deine Gedankenlosigkeit im Moor

und sprich mit Adam.

Er steht am Meer

und wartet.

Er ist taub für die Geigen im Dunkeln.

Geh mit ihm zu dir

am Nachmittag deiner Zeit

und sei taub

für die Geigen im Dunkeln.

Filet

Die Abendgesellschaft bäumt sich gegen die weißen Felle,

als die Zeittürme zerfallen. Tränen wie Murmeln.

Sie rollen über die wasserblauen Äste, nachdem das Lachen

in den geschminkten Augen der Anwesenden gerinnt.

Sie legen ihre Zähne in das zarte Fleisch -

Medium. An Pianomusik. Das Pfeffersteak allegretto.

Mundton. Ziselierendes Geschwätz im Windschatten des Obers.

Das Tischdeckenballett führt den Bohemian aus der

kristallklaren Gegenwart, noch bevor sich die Traumschalen

über die schimmernden Nachthäute senken.

Orange

Die Farben, wie junge Tiere,

ich nenne sie Glück und streichle ihr glänzendes Fell.

Sie wohnen in meinem Haus,

in dem Zimmer auf der rechten Seite,

gegenüber der Erinnerung,

die wie ein Scherenschnitt aus den Kartoffeljahren fällt.

Auf dem Birkenweg nun Heiterkeit deshalb.

Ich baue eine Straße unter den Pinseln,

betäubt von Lila, betrunken von Orange.

Das Papier ist hungrig. Mein Hunger ist der Hunger des Papiers.

Ich zeichne den Hunger, bis das Papier satt ist.

Dann fallen die schwarzen Vögel aus den Himmeln.

Das Haus (Lyrik Noire)

Das Haus am Ende der Wege schluckt finstere Gestalten.

Ihre dürren Körper krümmen sich in die triefenden Verhältnisse.

Die Mutter im Gedächtnis scheint wie Torf.

Der Vater liegt tot unter Beton.

Und die Zeit lahmt seit der blutigen Geburt.

Philosophen meiden den Ort hinter den gelben Gardinen.

Sie werfen nur Botschaften in den stummen Postkasten

an der Hauswand, neben der braunen Lunge der Tür.

Botschaften, die feine Finger im Licht befühlen, anderswo,

irgendwann nach zarten Träumen.

Ein Wolf wohnt auch in dem Haus.

Sein Blechnapf rasselt zu der Geburt Christi.

Nun öffnet jemand die Dunkelheit.

Die Nacht vibriert in den Adern seines Gesichts.

Er legt seine Eingeweide auf das Schafott des Morgens.

Die Fragen der mutlosen Seidenspinner

Ich gehe um den reifen Apfel.

Meine Schritte sind zu früh am Morgen nach über Nacht.

Ich ziehe die Wurzeln der Fragen aus den Farben der Erde.

Schläfrig lecken sie an meinen Mühen,

die inmitten der Gräser nach den Gerüchen

der Antworten suchen.

Ich werde zum Untertan meiner Wörter.

Sie kitten das zerschlagene Porzellan der Gedanken.

Es liegt im Schnee der falschen Sommer

und in der Glut der richtigen Winter.

Ich fahre fort in der Hanglage des Ungewissen.

Bedingungslos wie ein helles Flutlicht

zwischen den Schatten der Elfen,

die über die Felder rennen,

weil sie die leere Sehnsucht der Fledermäuse fürchten.

Nachtoktaven I

Die Ampel spuckt ihr grünes Zeichen über die Straße.

Zuckende Wintergesichter reflektieren die Menschheit

in die Lichtspalte der Stadt. Der Baumschmuck ist überflüssig

im neuen Jahr. Boutiquen wie Glasbläser.

Der Nebel sitzt in Käfigen anstelle der Pfirsichköpfchen,

die jetzt über Madeira fliegen.

Sie haben ein Schweigen hinterlassen

In den Papiertüten tonloser Rinnsteine. Gras und die

Fingerabdrücke der Junkies.

Restleben jeden Tag neu. Auch wenn sich die Nacht erbricht.

Am Rande der Violinen des Sonnenaufgangs.

Nachlese

Aus mir schreien Katzen in den Wind, wenn der Morgen dunkel ist. Noch rechtzeitig hast du die roten Tulpen gebrochen in unserem Garten, bevor dein Leib in die Erde sank wie ein Aal im Rausch. Das Grab bleibt verlassen bis auf Weiteres deshalb … und wegen der bleichen Rippen deiner ungelebten Zukunft. Sie brechen in einer Vision grauer Regentage im Morgen und Übermorgen. Ihr Knacken verbittert den Frühling, manchmal wenn ich an dich denke in unserem Garten, in dem die Krokusse jetzt blühen.

Farbgebung

Die Gefährtin des Staubes legt ihre Hände über meinen Weg.

Meine Zeit zittert unter schwarzen Gittern,

an denen Papageien picken.

Die Gefährtin ist flüchtig.

Sie lebt nur einen Moment, kalt wie Kristall.

Dann versteckt sie sich unter den Muscheln am See.

Ich rieche ihr graues Ufer, bis es Erinnerung wird.

Ich binde die Erinnerung an die Weiden des Sommers

und tauche mein Herz in Mohnrot.

Nachtzitate

Ich gehe den rauen Weg über schwarzes Winterlaub.

In mir wird Eis geboren. Ich klopfe das Eis zeitgemäß. Es hungert.

Aber das bleibt unbemerkt. Ich verteile das Eis.

Es taut in den Augen der anderen.

Dann flattern aus meinen Felsen weiße Tauben.

Sie überleben.

Mohnblumenklang

In den Pfützen spiegelt sich der Rhythmus meiner Schritte.

Wasserringe. Schallwellen aus den Innenreichen vergangener

Sonnenaufgänge. Mohnblumenklang.

Rot und seidig im Mondmeer Wiegenlieder.

Gebrochener Stimme. Betteln ums Überleben.

Das Licht der Krähen

Ich tauche meine Gegenwart in das Licht der Krähen.

Sie schreiben ihre Flüge in den blauen Himmel

über mir und meiner Wiedergeburt,

die vor Sekunden begann,

ohne, dass ich es bemerkte.

Dann fliegen sie zurück in ihre Sagen ...

Flussgeburt

Die Hunde lächeln auf dem Weg, als mein Eisregen stirbt.

Ich hebe die letzten schwarzen Briefe aus dem Staub.

Restwehen in den Häuserschluchten brennen im Neonlicht.

Sie fließen durch meinen Geist. Flussgeburt.

Die schädlichen Kinder ertrinken.

Sie waren ohne Freude.

Sie lacht in das schielende Café.

Ich fange die Möglichkeit ihrer letzten Momente ... wie Schnee

vor der Zeit. Begräbnisse später.

Das Überleben einer Lotosblüte.

Ahnung zerrinnt in der spiegelblanken Gegenwart.

Die Dosis Hoffnung. Der Joint zwischen zwei Abreißkarten

von Vergangenheit und Zukunft.

In mir Schneeschmelze

Sonnenwasser

Am Hang Forsythien

Sie blühen zurück

an den Anfang

Moder glüht über meinen Bergen.

Ich zeichne Gesichter in den Rauch

und träume in das unsichtbare Metall der Zukunft,

träume mich an seinen hungrigsten Punkt.

Dann schleife ich die Scherben an der Nacht,

bis sie in den Morgen bluten

und vergehen im Gestank der fremden Täler,

die die Adler meiden.

Sie nisten auf meinen Brücken,

seit Jahren schon,

lange vor meiner Zeit.

Intermezzo

Träges Warten auf die Nachricht,

die nicht eintrifft.

Die blauen Zungen an den Wänden reden nicht,

und die gedankenleere Rotation knüpft

sich in das Muster des Teppichs.

December Moments

Ich laufe durch die Schneebezirke der Stadt. Vor den Kneipen quietscht die Mechanik des Alkohols. Glühweinbrunft. Eiswind verteilt die Asche der Lärmenden über den fett glänzenden Straßen, als die Splitter aus den Jahren fallen. Sie sind staatenlos wie das Schicksal. Eine Sirene heult in sein Requiem. Ich gehe hinüber zum Fluss. Über seinen Eisschollen wispern die Wünsche der Jahrhunderte, während ein Zug durch die scheuen Membranen der Zukunft rattert. Ein Hund bellt in das Leben, und der Tod isst einen Apfel indes.

Die frühen Reisenden

Auf dem Bahnsteig schwimmen die Zigarillos der frühen
Reisenden im Mittelmeer vergangener Visionen. Das anonyme
Gesicht des Bahnhofs zerfließt in ihrem Rauch. Die Augen auf
dem Buchcover, in dem einen Laden, graben sich mir ein, vorbei
an Happy Donutz. Unsichtbare Kojoten sitzen auf Gleis 13 und
verhindern die Einfahrt des Metronoms. Sie heulen in die
Choreographie der Getriebenen aller Herren Länder.
Pastellfarbene Seide aus Neu Delhi und die Vakanz von
englischem Tweed fallen auf. Die New York Times klemmt unter
dem Arm. Das Kaleidoskop nach Übersee. Parfümierter
Körpergeruch setzt sich über die rollenden Koffer hinweg. An den
derberen Schuhen klebt schon die Herbstnote des Indian Summer.
Der Bahnsteig erträgt ihre Sohlen und den Kot der Tauben, die
aus dem Paradies geflattert kamen, als ein Elender in einem
Abfallkorb nach seiner Unschuld wühlt. War sie nicht blau noch
vor Jahren? Die *Sirenen* auf den Geländern beobachten ihn. Sie
sind ohne Alibi.

Nachtzug

Vor meinem Fenster hält ein Nachtzug. Ich steige aus meinen
Träumen in eines seiner Abteile. Es ist darin ganz hell vom Licht
der Hände meines Sohnes. Es sind Zauberhände. Sie machen aus
meinen Gedanken weiße Schmetterlinge. Sie fliegen zurück an
den Anfang der Zukunft, zu den leisen Stimmen in den
Essigbäumen. Sie gehören den Ungeborenen, die über der Erde
treiben wie Seevögel über dem Meer. Keine Zeit fängt sie. Ihre
Mutter heißt Inspiration.

14. Januar

Der Tag ist heiß von Gedichten

Sie glühen über den Eisfeldern

für einen Moment meiner Zeit

Sichtbarmachung der Wasserzeichen

Herbstzittern

Vor der Bank im Garten

leuchtet der Tod der Herbstblätter orange.

Die Riesenräder der Erde drehen sich noch.

Die Ängste der Mütter,

dass die Kinder aus den Gondeln fallen, sind gnadenlos.

Ich suche nach den roten Schuhen meiner Kindheit.

Ich finde sie in den Kellerträumen

und ziehe sie über meine wunden Füße.

Die Kinder fallen aus den Gondeln, als sie erwachsen sind.

Der Tod, ein sanfter Ton in diesem Frühling,

im Spieglein, Spieglein hinter den Kirschblüten.

Ich bin der Vogel über dem Weg. Ich fliege durch blaues Licht.

Schwarze Tropfen hängen in meinem Gefieder

wie überreife Beeren, die erst im Winter zu Boden gehen.

Ich gleite über die Ruhe des Flusses und ernte sein Schweigen.

Sandpapier

Der Mund des Morgens redet in die Leere des Hauses.

Er berührt die Magie des Olivenbaumes

und die Gesänge der Bilder an den Wänden.

Ich bin mit der Stille verabredet. Sie ist meine Freundin

und riecht nach Lavendel wie die Seife im Bad.

Ich gehe den Weg zurück,

an den Anfang der Gerüche.

Sie sind salzig und herb wie die des Meeres.

Ich bin gestrandet und liege auf grünen Scherben.

Erzählt der Geruch.

Weißes Blut rinnt über den Sand meiner Seele seither.

Ich streue den Sand auf das Papier,

das die Schmetterlinge bewachen.

Melancholie winterhart

Schnee fällt in meine Melancholie. Er hat lang darauf gewartet,

sie schön zu machen. Ich berühre ihr Gewebe. Es ist federleicht

und schwebt über dem rostigen Boden der Stadt,

vorbei an Fenstern mit zerrissenen Gardinen.

Dahinter Todgeweihte.

Schwarze Katzen schleichen um ihre ausgetrockneten Gedanken.

In den Vorgärten bleiche Träume.

Sie hängen in den winterharten Gewächsen.

Die Melancholie sammelt sie und legt sie in meinen Schoss.

Sie ziehen an die Ufer der Tiefe, dahin,

wo ich schwimmen gelernt habe.

Reife Früchte an den Spitzen der Träume

Die Liebe, ein nasser Vogel auf dem Dach der Welt. Ich zeichne ihn auf eine Straße des Montmartre, in das Knistern der Gedanken Vorübereilender. Ich ernte die reifen Früchte an den Spitzen ihrer Träume und mäste die Liebe. Dann warte ich auf ihre Wiedergeburt. Gott liegt in den Wehen.

Meine Wörter sind Früchte der angegriffenen Haut in mir. Sie ist transparent. Ihre Poren sind Landschaften, die ich nie bereist habe. Feuerland ist auch dabei ... und ein Lavendelfeld. Ich sammle die Blüten und trinke Lila. Es tropft auf das Papier, als hätte ich mich geschnitten. Der Atem der Kiefer geht darüber hinweg. Ich zerbreche sanft ... über dem Papier.

Kirschlicht

Meine Liebe hängt in den kahlen Kirschbäumen der Vorgärten.

Eiskristalle umschließen sie. Ich breche Winterzweige und trage

die Liebe in das Haus. Nach Tagen ist alles weiße Blüte

in den dunklen Bewegungen der Zimmer.

Im Wartezimmer

Bissige Punkte steigen aus dem Kunststoffbelag des Bodens.

Er zetert, zetert, zetert graublau, grau, blau ...

als das Umblättern der Zeitung zum Fieber anschwillt.

Gähnen grätscht durch die Melancholie der Wartenden

und die schlechte Luft, die sie inhalieren.

Ihre Ruhe streut Staub in das stumme Weiß der Tische,

dem es an Topfpflanzen und Blumensträußen fehlt.

Das können die Bilder an den Wänden nicht wettmachen.

Der kleine Prinz.

Motorgeräusche stauen sich am geöffneten Fenster zur Freiheit.

Sie reiben sich in die Gedanken der Kranken.

Asphaltgesänge

Im Zwielicht zerbrochene Straßenlaternen.

Grauer Atem über der Nachgiebigkeit der Häuserfassaden.

Ein Hund pinkelt gegen die Zeit,

als Grufties sich mit Nachtwind parfümieren –

Schwarze Blumen auf den Bürgersteigen.

Sie trennen die Schönheit aus der Finsternis

und ziehen mit ihr über den Asphalt,

bis der Geruch des Todes sich erweichen lässt.

Die Raben fliegen in milderes Licht.

Ankunft

In diesem Herbst stürzen Täler in mein Lachen.

Ich durchschreite ihr Rot und sammle den Staub

von den Wegen. Dann streue ich ihn über weiße Särge.

Tote sind nicht darin, nur ihre Ankunft im Morgen,

die einzige Sicherheit.

Platin über den Schattenrissen meiner Wörter.

Isländische Elfen

Meine Gedankenmilch fließt durch den Gang des Zuges

um die Gerüche der Zugestiegenen. Gerüche nach Haus,

frischen Tapeten und gewachstem Haar. Sie füllen ihre Herzen

mit Kaffee und ihre Träume mit Erwartung ... worauf?

Ihre Fragen sind schlank wie isländische Elfen.

Aber die Geysire schweigen, sobald es um was geht.

Novemberlicht.

Ich sehe durch weißes Glas auf dem Gang durch die Weiden.

Der feuchte Boden atmet Herbst.

Ich verfolge die Sicht der fallenden Ahornblätter auf die Dinge.

Ihre Leuchtspur sinkt in ihr Vergehen.

Ich sortiere die Schönheit meines Abends,

befühle die Anmut seiner Melancholie.

Die schwere Erde trinkt sie wie Milch.

Auf einem toten Baum zittern Krähen indes.

Still. Ich tauche in die Stille wie in ein Meer aus Botschaften,

die geschlossene Münder vom Dach der Welt aus rufen.

Ihre Wörter verfangen sich in glitzernden Spinnennetzen.

Ich spüre den Tod unter den Steinen. Er ist ein Gefangener.

Durch das Glas meiner Träume

sehe ich in die Zeitzone meiner Ankunft.

Mein Kleid ist dünn, aber ich friere nicht.

Mein Koffer ist schwer,

aber er wiegt nichts in meiner Hand.

Ich teste meinen Boden.

Er erträgt nicht viele.

Ich halte Ausschau nach den Wenigen.

Die Wenigen sind leise,

aber voller Gesänge.

Die Dichter sind leise,

aber voller Gesänge.

Ich bin leise,

aber voller Glück.

Flüchtige, schnelle Schritte.

Flüchtige Schritte ins Nichts

sind kraftvoll

und führen über die Treppen,

die zerfallen,

flüchtig,

schnell,

kraftvoll,

unter den ewigen Sternen.

Am Anfang war das Glück

Die Fäden meiner Zeit,

in schwarzen Gewässern gewachsen.

Nun betäubt weißer Schnee die Nacht.

Raubvögel fliehen aus meinen Gebeten.

Ich stelle die Sonnenuhr auf den Ursprung des Glücks.

Seepferdchen

Im Untergrund Schwebeteilchen.

Tropfnasse Seepferdchen aus der Anderswelt.

Sie wärmen sich an der roten Winterkerze im Fenster

und sehnen sich nach Eisblumen.

Ich zeichne ihre Schatten auf Herbstblätter,

die ich zwischen den Seiten ungeschriebener Bücher presse.

Wasserzeichen

Stumm.

Winterfrage

Die Portraits in Öl stehen im Schnee der Stadt. Jahrhundertealte Blicke ziehen über die Graffiti der Häuserwände. Dann lesen sie in den Weissagungen der Kälte. Aber der Frost ist taub für jedes Gefühl. Er baut Nester in die Jacken der Obdachlosen, bis sie winseln wie die Hunde, die durch die Schatten im Rotlicht der Amsterdamer Straßen schleichen. Die Tiere beobachten, wie es die Genitalien wund schlägt, das Licht, bei Nacht betrachtet. Hinter den schweren Holztüren hallt indes das Gelächter der Verstorbenen. Es macht die Gesichter bleich. Extasy ist en vogue. Nuttenkrallen schlagen gegen die Scheiben. Sie brechen das Eis in dem frierenden Hirn des Mannes mit dem Muttermal über dem Auge, das er Igel nennt. Er wirft seine schwarzen Ringe in den Rinnstein. Der Vorhang aus Filz ist geschlossen. Die anderen warten im Eisregen.

Zisterzienser

Die Heizung tickt in die Gedanken der Mönche,

die am Fenster wie Lilienblätter liegen.

Ich sammle die Blätter und lege sie auf mein Gewissen.

Dann hole ich Weihwasser vom Flur. Es steht dort in Flaschen.

Teinacher Medium 0,7. Ich trinke das Wasser

und warte auf das Schweben.

Aber die Mönche haben Bodenhaftung in Memoriam

und ziehen mich zu mir,

die Mönche der Sümpfe.

Schnee

Auf den Flügeln der Stille atme ich in die Nachtgräser.

Sie antworten mit mildem Meerwind.

Ich färbe das Gesicht der Dunkelheit Weiß.

Sie sieht den Regen in meinen Gedanken. Das Haus ist davon nass.

Ich trockne es mit Tüchern in Indigo.

Der Tod blickt dabei durch das Fenster.

Er riecht nach Schnee.

Vita

Am Ende des Weges bist du ein anderer

als der, der an seinem Anfang

von seinem Ende träumte.

Im Rohen

Zwischen frisch gestrichenen Wänden kreischt die Kassiererin.

Die schrille Stimme schneidet in mein Gehirn.

Ihre Rohheit trägt mich aus den Farben der Unendlichkeit

in die endliche erbarmungslose Spröderie.

Die Waren sind geläufig

und die Äpfel zu früh gefallen in diesem Jahr ...

Zügig zieht die Kassiererin die Butter über das Band.

Meine graue Jacke hat Schweiß gesogen am Handgelenk.

Ich versuche es vor ihr zu verbergen

und verkrieche mich in dem Gehäuse meines Gedichts.

Ich lehne mein Gedicht an den Hang des Herbstes.

Bunte Blätter wehen es zu.

Weiße Gedichte

Die Krise ist eine Metropole. In ihre Berechnung fällt blauer
Schnee. Zurück bleibt das Tauwasser auf den Gleisen. Die
Schimmel der Ängste trinken davon. Zeitnah. Dann fliehen sie
mondsüchtig über die Weiden. Ich kämme den Rest der Stadt mit
meinen Blicken. Durch ihn läuft mein Tropfen Zeit, bevor er sein
Meer erreicht. Die gläsernen Fassaden der Bürohäuser spiegeln
dazu die vertanen Möglichkeiten. Menschensilhouetten bespielen
den Raum. In den Händen Jahrgangssekt. Ich bleibe in Ufernähe,
bei den jungen Hunden. Sie schlagen ihre Zähne in die Wolken.
Die Gedichte sind weiß an diesem Morgen.

Tafeln

Getäfelt ist der Weg zum Überleben.

Tafeln aus Rosen

Tafeln aus Schnee

Ich sitze im Zug

und fahre fort in die Eiswehe.

Die anderen Leute kümmere ich nicht.

Im Kopf hämmert ein leerer Gesang,

der sich an das Morgengrauen wendet.

Vergeblich dringen die Sonnenspitzen in mich.

Sie treffen nur auf Wirrnis

und sind dabei anhänglich wie zahme Tiere.

Kältezone

Ich lege mein Leben in den Schnee,

neben die Abdrücke der Katzenpfötchen.

Schönwetter machen vor der rohen Zukunft.

Ein gnadenloser Akt.

Ich habe hohe Schuhe getragen im Windspiel der Träume,

und im Traumbuch steht, dass der Gang schwer ist,

von der Frau zur Greisin. Archetypisch. Ich schließe

die Tür zu den anderen Welten, denn es zieht ins

Hier und Jetzt. Dann beneide ich die weißen Hirsche um ihre Zeit.

Anderwelt

Du streifst mich mit deiner Welt.

Deine Augenlider schützen mich in meinem Nachtdurst.

Auch wenn ich nicht von dir trinken kann.

Freitreppe auf der ich stehe.

Ein Sehnsuchtshauch geht wie Silberstaub,

wenn die Kähne durch die blauen Nächte ziehen.

Am Tag goldene Wolkensaat bizarrer Paläste im Kaleidoskop.

Der Alptraum ist durch die Sanduhr gerieselt.

Ich bleibe in Ufernähe am Schilfsaum,

unter den schützenden Muscheln mit der Dornenkrone im Relief.

Da, wo die Tropfen der weißen Träume mich erreichen.

Raunächte

Raue Blicke in den rauen Nächten

an rauen Tischen mit rauem Jagdfleisch.

Die Schüsse liegen im Zement der weichen Zimmer

in Memoriam an das Wild im Wald

unterm Tannenbaum zu Silvester. Wintergarten in Aspik.

Teile der Begierde wie Tortenstücke auf den Tellern arrangiert.

Nur die Tränen zwischen den Türen stören die gute Sicht

auf die Dinge. Sie sind die schwarzen Seesterne

im Muster der rosa Tapete in den Tagen vor der Zukunft

des rauen Frühlings. Durchtriebenes Glück.

Traumsequenz II

Die blutigen Locken der Nacht legen sich über mich.

Es ist Krieg. Ein Meer von Soldaten. Ich bin der Seestern

unter ihnen. Ihre Schritte vibrieren. Sie besetzen

meine Burg. Hunger und Angst sitzen mir

wie Geschwister gegenüber. Ich erlebe, was ich

nicht erlebt habe, trage die Wunden der anderen durch den

Granatenstrom … Dann ist der Krieg vorüber. Die Tauben flattern

aus ihren Nestern. Taubenstille. Raureif an den Bäumen.

Die Spinnen fliehen Ihre Netze. Ausgemergelte Seelen,

die einander betäuben. Gut Wetter machen am Seerosenteich,

in dem die Kriegshexe versunken ist. Die Leiden glühen weiter

in den geschundenen Leibern.

Der Frieden hat daran Feuer gefangen und taumelt,

bis er schwerelose wird. Aschenspur im Nebel.

Fasergedanke im gesprungenen Glas.

Wintermilch

Das Morgenrot tupft mir einen Gedanken in die blauen Fische meiner Innenwelt. Sie schwimmen um die Zeit, die ohne Spannung auskommt. Sie hat sie verloren, schon vor Jahren. Die Kristallsucht ist verendet. Das ist der Gedanke. Es liegt gar nicht an mir, sondern an dem Alter, das sich wie ein Puder über mich legt. Feines Versäumnis. Wintermilch. Ich schwimme mit den Fischen durch den mir zugeteilten Strom vor bis zu den zarten Fugen, an denen sich die Welten teilen. Darüber zerbrechen die Nachtnetze. Ich befreie mich von ihrem gläsernen Gewebe und suche nach dem weißen Schiff, dem der Eisberg nichts anhaben kann. Traumschritte im Meeresschlick. Ich bleibe in der Spur der Krebse und halte Ausschau nach Angelus Dei.

Halbwaise

Nachtspiegelbild.

Unter der gefalteten Haut ist Karst.

Ich versuche, die Knoten in den Rapsfeldern zu lösen

und vertreibe die Schneegeister, die die Hänge meiner Gedanken

spülen. Dann reihe ich die Perlen des Überlebenstriebes

aneinander. Jede Perle ein Mensch, der mir begegnet.

Die Abstände sind verwittert.

Ich bin eine Halbwaise auf Mutter Erde.

Die Fäden der Verankerung sind blass,

die durch meine Adern schimmern.

Ich laufe um das Jenseits herum

und nähe am Saum.

Rostrot

Ich streue die bitteren Krümel meiner Gedanken

in den Herbstnebel, der über dem Boden lungert.

Rostrote Gestalten treiben sie vor sich her,

bis zur Angst. Sie ist eine Tänzerin mit schwarzen Krähenflügeln.

Sie tanzt bis an das Ende der Welt, wenn man sie lässt.

Choreographie des Vergehens

Die Weisheit der fremden Tage lagert unter dem Herbstlaub,

das sich seinem Rascheln ergibt.

Die Morgenmuschel singt dazu ihr Geheimnis

gerade noch, als das bittere Gezeter der Schwalben

den Sommer verabschiedet

und der kranke Mann das Gerippe seiner Zeit offenbart.

Es flackert auf und zerfällt zu Diamantstaub.

Safran

Der Park trägt Tarnfarben. Ich gehe an der Hand des Anderen
und kann deine Schritte hören durch tausend zarte Wände des
silbernen Gedächtnisses. Du läufst auf die bronzene Frau zu und
bedeckst sie mit einem zerrissenen Tuch. Ich störe mich an der lila
Hitze in dem Gewächshaus und bewundere die Geduld der
Kakteen. Unser Kapitel ruht auf dem Jahrhundert einstweilen,
und die Hand des Anderen wirft Kandis in den Tee wie Muscheln
in das Meer, als die gläsernen Gedanken eines Trinkers sich gegen
die Wände drücken. Er bekommt Wein nachgeschenkt. Einmal,
zweimal Chardonnay ... Ich vermisse die Liegestühle auf der
Märzwiese, auf denen wir saßen, als du deine und meine Träume
in Safran tauchtest. Die Hunde sind noch da. Fliehende
Fellgewänder. Mit dem Anderen gehe ich auf dem matschigen
Weg, vorbei an den hungrigen Augen einer Magersüchtigen. Ihr
Skelett tanzt durch die Pfützen, in denen sich die Pupillen
verstorbener Zeiten spiegeln. Sie sucht Trost im roten Stoff, der sie
umgibt wie ein letztes Gefieder, das sie aus dem Raum führt.
Auch du hast diesen Raum verlassen, der unsere Spuren trägt.
Schwarze Perlen im Nebel der Erde.

Herbstland

Herbstland glitzert,

als ich im Geruch deiner vergangenen Tage stehe.

Auch in unseren Seelen Nester aus welkem Laub.

Du träumst an der Peripherie des Öden,

und mein Mund küsst dein Rätsel.

Die Hacken schlagen in die feuchte Erde.

Ihre Botschaft geht ins Leere.

Wir zählen die Zeittropfen an den Zweigen.

Sie fallen zu Boden und küssen das Gras.

Deine Nähe ist angewärmt wie die Federn der weißen Vögel,

die den Horizont nicht erreichen. Alles in mir ist müde und sehnt

sich nach dem ewigen Schlaf, der über das Meer führt. Fluchtraum.

Im Seetang der Nacht aber würde ich mich nur verlaufen.

Gezeitenlehre. Ich muss mich wachhalten,

um nicht vor der Zeit zu vergehen.

Wir liegen uns in den Armen und kreuzen die Sinne,

geschützt vor dem Nordwind.

Meine Anwesenheit verschleppt ins Morgengrauen.

Weihnachtliches Treibholz

Etagenduft. Glühweinserenade im Auffanglager der Lichtspiele.
Das klimatisierte Umfeld des Büromenschen schmilzt an der Süße
von Karamellisiertem. Rosa Pralinés, babylonisch aufgetürmt, in
den Vitrinen des Vergessens. Daneben flehendes Bauchfett vor
filigranem Schmuck. Die Würstchen in der Pfanne machen
Löffelchenliegen. Quasimodo in Geberlaune. Blaue, schurwollene
Socken setzen die Winterdepression ins rechte Licht. Eine
Teigspur geht durchs Land. Sie führt bis zum Morgengrauen.
Festtagssound.

Gebrechliche Minuten

Nachtschweiß liegt auf der Bettdecke

in der Urne der Zeit. Die Wache an der Grenze

hat ausgeschlafen. Elegie der müden Glieder,

die nach den Schneetrauben greifen oberhalb des Sommers.

Ich bin aus dem betäubenden Licht des Mondsteins getreten

und taste nach purem Leben.

Lebenszungen, die an mir lecken.

Sie sind rau und erbarmungslos.

Die Farben des geträumten Bildes blättern.

Darunter Wundsein im Stundengang.

Flüchtige Begegnung aus dem Nirgends.

Die Melodie des fremden Fühlens hat Dissonanzen.

Wie halte ich diese gebrechlichen Minuten aus?

La Strada oder die Poesie des Spielraumes

In den Asphalttango fallen Federn, die die Namenlosen hinterlassen. Jede Feder ein Traum. Jeder Traum ein Zerwürfnis mit dem Machbaren. Blutplättchensinfonie. Sie könnte verstummen. Das Muster dieser Möglichkeit atmet mit jedem Zucken der geschminkten Wimpern unter den italienischen Hüten. Es ist musikalisch und dirigiert das zitronengelbe Glück, das durch die Sanduhren an den Horizonten rieselt. Adagio. Die Köpfe davor bilden eine Mauer. Schwarz- und Weißseher, Pelikane in den Lachen der Zeit. Ihre Blicke sind unruhig wie Kaulquappen. Sie lecken den Schweiß der Tänzer. Ihre Liebe ist rau, rau wie die Krümel des Mondes. Allegro.

Operation

Verästelung aus der Krise. Der Weg gabelt sich:

Ins Ungewisse. Eine Richtung führt zu Gott, die andere

in die Genesung. Operation ins Licht in jedem Fall.

Die Operateure wissen das.

Stumm legen sie die bleichen Hände in das Fleisch.

Der Geist des Kranken schwebt über dem Körper,

solange man ihn lässt,

in dieser blutigen Stunde.

Danach Wiederverkabelung mit der Welt.

Die Erdferne ist aufgehoben,

das Herz der Psyche am rechten Fleck

und der Todesschatten gefesselt.

Er kippelt mit dem Stuhl wie ein Schulkind. Hauchzart die Spur

zwischen Leben und Sterben. Sie hat Schneeflecken hinterlassen.

Herbsthaut

Eine Brombeere hängt einsam auf der Herbsthaut,

als die Eicheln unter den Füßen knacken - im Herzen rot.

Die Innenwelt liegt dazu fotografiert zwischen dem rostbraunen

Laub. Schwarz-Weiß der mürben Seele.

Ich gehe auf das trübe Wasser zu.

Dort sitzt ein Mann, der sein Ende sucht.

Er hat seine Geschäftigkeit versenkt. Ich gebe meine dazu.

Wir warten vergeblich auf das Anschwellen der Triebe.

Immer weniger, was anrührt.

Engelsbrot

Ich benutze die Erde mit jedem Schritt auf dem Spazierweg.

Die Spange des Mondes ist gelöst.

Weiches Mondhaar fällt auf den trockenen Sand.

Ich benutzte die Erde, ihre Luft, ihr Wasser, ihr Feuer

und den Gott, der das erlaubt.

Er hat seinen Sohn geschickt, dem, der sich noch zu glauben traut,

trotz Google Maps und Facebook.

Internetschlieren zwischen den Sternen.

Blutroter Himmel. Backen die Engel immer noch Brot?

Durst

Die matten Augen der Frau in dem Café schauen mich an und
befühlen meinen Schatten. Graues, stumpfes Haar hängt über
ihrem Schweigen. Ich taste nach der Klaviatur der Verhältnisse.
Der Mann ist dement, sagt man. Zwischen ihr und mir ist eine
Diagonale des Verbindungslosen. Schweigeminute für die
Schwachsinnigen. Sie bestellt sich ein Omelett. Dazu ein Brot, das
nur in ihrer Phantasie existiert. Der Kellner bringt beides, zu ihrer
Überraschung. Er kann in ihrer Phantasie lesen. Ich hüte
einstweilen die Mutter mit dem Gehstock. Wir füllen uns die
Mägen mit Kakao. Almabtrieb von Schneeweißchen und
Rosenrot. Zinnoberrote Träume. Kindheitstropfen, aufgefangen in
bunten Märchenschalen, die bei genauerem Hinsehen einen
Sprung haben. Das Spielfeld der Analytikerin. Sie sucht nach der
tröstenden Milch, von der die vergessenen Puppen trinken. Auch
die Augen der Frau in dem Café dürsten danach.

Blauer Waggon

Der Bahnhof liegt im grauen Februarlicht.

Ich verschiebe den Winter, weil er schon blutleer ist.

Vom Fensterplatz des Zuges aus sehe ich auf mein Leben:

Es liegt über den schmutzig grünen Feldern,

die die Wildgänse fliehen. Darüber rennen die Regentropfen

auf der Scheibe um die Wette wie durchsichtige Käfer,

in denen sich die Zeitumstände spiegeln.

Am Rande erwachende Silhouetten.

Blasse Schnittmengen aus dem, was war

und was gewesen sein könnte.

Ich nenne sie Schachfiguren. Sie schützen mich vor den

schrillen Gesprächen der Mädchen, die durch den Waggon sägen.

Der Zug unterbricht ihre Glasfaserstimmen

mit seinem dürren, heiseren Klang.

Remis.

Blasses Gesicht im Nebel

In der Fensterscheibe das Gesicht, blass,

mit dem Nebel verwachsen.

Es erwartet die Minusgrade des Winters im Garten.

Die Äpfel sind hängen geblieben.

Niemand hat sie für reif befunden.

Herbst Iphigenie zieht ihre Spur durch den kommenden Schnee.

Sie wartet bis er sie abholt, wartet inmitten der Walnüsse

von denen sie träumt,

sonnenmüde im Oktober.

Der Schutzgeist lebt im Gedicht.

Es rettet und heilt mich,

schließt die Wunden

und richtet mich aus.

Der Durst des Weges

Der Durst des Weges.

Er saugt mit jedem Schritt.

Ich lehne an der Vergangenheit.

Der Gedankenstaub rieselt wie Schnee

auf den Spiegel des Tages und betäubt

das Jetzt, das Hier und das Immer.

Die Zukunft der Träume ist geweissagt.

In blauen Kleidern zieht sie über die Steine.

Kiesweg

Ich laufe über den Kies.

Kraftvolles Knirschen.

Ich höre es über den Weg hin

bis zu meinem Grab.

Verortung

Weidenglanz des Sommers. Libretto für die Unsterblichkeit.

Schatten schmelzen über dem Weg. Sie berühren den Fluss.

Viele sind in ihm ertrunken. Kühler Mondtraum.

Ich sitze bei den Toten

und ihren Lichtern, ohne mit ihnen zu sprechen.

Sie sagen nicht, wohin sie gehen. Sie kamen über den grünen

Hügel gelaufen, von da, wo es keine Zeit gibt.

Warme Juninächte stimmen ihre Gräber milde,

auch wenn der letzte Zungenkuss der Erde rau ist.

Wer die Toten fühlt, verortet sich in der anderen Welt.

Grenzwanderung im Olivenstaub. Mondsalamander

kreuzen meinen Weg. Ich brauche den blauen Raum,

um denken zu können, laufe vorsichtig am Saum, um das Klirren

zu vermeiden. Ich will niemanden wecken.

Chronistenpflicht

Ich fühle in die fremde Zeit, in die du gehen wirst,

wenn du nicht mehr hier bist.

Ich werde dir von ihr erzählen,

wenn du mit der blauen Murmel spielst.

Sie ist die Welt in deiner Hand.

Schwarze Schwäne

Kriegsspur, die in den Frieden blutet.

In das Trauerdorf sind weiße Blüten gestreut.

Die Rede an den Toten wie ein Papierschiff

auf dem Meer. Still im Schwellengang.

Das hellfühlende Mädchen lauscht den schwarzen Schwänen.

Es kommt auf dem Schimmel geritten.

Der Todesengel fliegt voraus bis zur Kreuzung.

Die Nacht ist in Bitterasche getaucht.

Nebelvision vom dritten Weltkrieg.

Das Leben ist gefährlich. Der Tod ist es nicht.

Aktmalerei

Die Maler ziehen über den Adneter Marmor.

Das Modell in Schenkelpose. Zugewucherte Scheu.

Dauerhafte Pinselführung an den Waden. Um die Lust liegt

die rote Käferrobe. Brustschatten auf den Blättern. Cellulose.

Das Gesicht bleibt weiß am Puls der Zeit. Scharrende Triebe

ächzen über das Papier. Schablonengedanken von ewiger

Fruchtbarkeit. Raunen der Sinne.

Nun hat der Pinsel die Vagina erreicht.

Er sticht wie ein Schiff in See. Dunkles Seemannsgarn.

Die Stimmung gelöst an diesem frühen Morgen.

Die Augen trinken die Klarheit des nackten Muskelspiels.

Der Körper, eine Landschaft aus Zutrauen.

Das Modell wird gedreht.

Der Po trägt eine Maske bei näherem Hinsehen.

und der Luftzug, der ihn erreicht, ist mit Olivenöl gecremt.

Anus im Verborgenen.

Mottenflug

Mottenflug in andere Zeiten. Auf den Büchern

sitzt das Tier und hat Vergangenes ausgespäht.

Unverrückbare Irrungen. Sekundenzeigernah.

Alptraum in Aspik. Staubige Landschaft über Lessing

und der alten Goetheausgabe. Denkfehler im Faust

flankiert die zerfledderten Dichterpfade.

Auch Meyers Konversationslexikon ist in die Jahre gekommen.

Landeplatz im Schwefel. Zinnoberrote Gedankensplitter

aus den Hieroglyphen der Nacht. Kleopatras Erben.

Antikenspiel bis in die Neuzeit angedacht.

Gitterträume unter den Pflugscharen des Abendlandes.

Im Morgenland zerfällt die Motte im Staub

zwischen zwei Buchdeckeln.

Trauma

Der Betrug kommt in einem grauen Wagen am Morgen.

Gänseblümchen stehen wie Zinnsoldaten,

die auf die lodernde Flamme warten.

Sommerweissagung der roten Nachtkirschen.

Der Eros ist mit euch gewesen und hat mir einen

schwarzen Umhang aufgelegt. Verdunkelung des Geistes an der

Haltestelle zum ewigen Erwachen.

Äthersinfonie

Ätherwelle ziert meinen Geist.

Im Kampf ums Dasein

sind Engel vonnöten

auf der dünnen Haut der Begegnung.

Wir treffen zusammen,

ohne beieinander zu sein

und lieben uns im blauen Licht des Mondsteins.

Die Worte versiegen an der äußeren Entfernung.

Inmitten der Wärme der Geysire

kluges Traumgesicht im Nebelgang.

Erwarte meinen Bericht vom entflammten Horizont.

Auf der Herzreise zur Milchstraße

weiches Licht.

Ätherwelle auf der du mit mir gleitest.

Die Zeit fastet und schöpft aus dem

tieferen Grund der Zweisamkeit.

Nachtschatten weicht vor der kristallenen Stunde.

Wenn du mit dem Kosmos schläfst,

sind tausend Sterne mit dir.

Kindheit

Bleiches Oval des Erinnerns:

Kindheit.

Wasserblaue Murmel im Erdloch.

Gezuckerte Frucht.

Lachen über dem Asphalt

und Blütentaufe auf dem gemähten Feld.

Kohlrabiernte und Spargelheer.

Die Nachtschatten hatten einen Kussmund

und die Stille war himmelblau.

L' Ultima Cena

Blaues Licht tränkte den Raum,

als der Tod mit am Tisch saß

und das Brot gebrochen wurde,

um die Hungrigen zu sättigen.

Der Durst nach Liebe versiegte nicht.

Er wurde mitgetrunken mit dem roten Wein,

den der reichte, der über das Wasser in den Himmel lief.

Zwischenwesen

Dem Himmel sitze ich auf

und bleibe mit meinen Beinen in den Träumen.

Das Blau träg mich

über das Violett der Tage.

Es sprießt in mir und keimt

im Blütendach von Atlantis.

Auf der Grenze

Herbstmoder geflutet von der anderen Welt, die mich anweht. Ich schreite auf der Grenze, schreite immer weiter, bis die Erdnähe sich entblößt. Ich lege meine Hand auf die weiche Welle. In mir sind Türen geöffnet, einen Fingernagel breit über dem Horizont. Nur der Schlaf kann sie schließen, wenn seine Traumbestände in die Nächte sickern. Die Wolkenzeichen sind davon unbeeindruckt nach Süden ausgerichtet, und in mir ist eine Geschichte, deren Ende sich nicht schreiben lässt. Mein Seeufer ist ausgeblichen. Ich schreite auf der Grenze, schreite immer weiter - bis der Tod zur Mutter wird.

Vergessenes Eis

Ich laufe über die blassen Knochen der Zeit.

Darauf lungern schwarze Igel. Sie wissen um die Feuerquallen,

die durch mein Nachtmeer gezogen kamen.

Das Wasser ist davon orange.

Ich fühle die Farbe. Mein Sonnenuntergang.

Die Farbe klebt an den Füßen.

Sie hinterlässt Abdrücke auf dem frischen Gras.

Davon unbeeindruckt treibt der Wind Kirschblüten vor sich her.

In den Ästen ihrer Bäume hängt noch vergessenes Eis.

Mein Weg

Mein Weg ist dumpf.

Ich folge der Spur des Ufers

in ihrem gnadenlosen Grün.

Filigraner Gehorsam Schritt für Schritt

neben dem Flug der Meisen.

Der Frühling bricht an,

weitet die Knospen, die der Regen begattet,

bevor er in meine Traurigkeit tropft

und der Tag vor einem schwarzen Nebel die Lider senkt.

Wenn die Angst kommt,

fliehe ich über den Grashalm,

den die Sonne küsst,

in die Poesie.

Über Kerstin Fischer

Sie ist 1965 geboren und hat Germanistik und Geschichte in Bremen studiert und mit einer Magisterarbeit über Effi Briest abgeschlossen. Darauf folgten ein Zeitungsvolontariat und dann eine mehrjährige Tätigkeit als freie Publizistin für die Feuilletons verschiedener Tages- und Wochenzeitungen. Seit 2006 arbeitet sie ausschließlich als freie Schriftstellerin in den Genres Erzählung, Novelle, Roman und Lyrik. Ihre Bücher wurden in kleinen Verlagen veröffentlicht: „Das Gewächshaus" im Ludwigsfelder Verlagshaus 2007, „Sergejs Schatten" 2009 ebenfalls im Ludwigsfelder Verlagshaus und „Juris Kristalle. Novelle über eine Schizophrenie" im worthandel : verlag in Dresden. Für Letzteres erhielt sie 2013 ein Aufenthaltsstipendium für die Sparte Literatur in der Berchtold Villa in Salzburg. Ein erster Kriminalroman erschien 2018 in dem Düsseldorfer Verlag Edition Oberkassel. Viele ihrer Gedichte wurden in nationalen und internationalen Literaturzeitschriften veröffentlicht. Sie ist Mitglied im Verband deutscher Schriftsteller, hat einen Sohn und lebt in Achim bei Bremen.

Inhaltsverzeichnis

Zeitfracht Medien GmbH
Ferdinand-Jühlke-Straße 7
99095 Erfurt, Deutschland
produktsicherheit@kolibri360.de